신나게 배우는 어린이 중국어

콰이러쉬에 한위 ④

워크북

권상기 김명섭 김예란 이현숙 왕지에(王洁) 저우자쑤(邹佳素) 공저

JPLUS
Language Publishing Co.

01 又迟到了

① 빈칸에 알맞은 병음을 넣어 보세요.

① 迟到

| ch | ___ | d | ___ |

② 上课

| ___ | àng | ___ | è |

② 그림에 알맞은 한자를 고르고, 빈칸에 쓰세요.

①
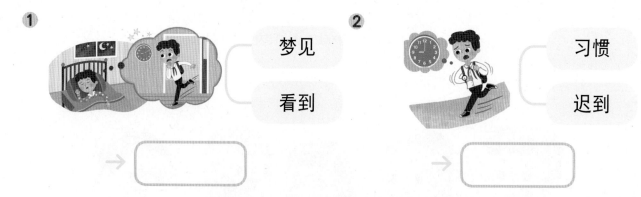

梦见

看到

→ [ ]

②

习惯

迟到

→ [ ]

③ 다음 한자의 병음 중 틀린 부분을 찾아 바르게 고쳐 보세요.

① 紧张 j ǐ n c h ā n g   [ ] → [ ]

② 习惯 c í g u à n   [ ] → [ ]

④ 대화를 읽고 빈칸에 공통으로 들어갈 한자를 쓰세요.

你今天怎么 ☐ 迟到了?

☐ 起来晚了,
真对不起!

답

⑤ 다음 낱말에 해당하는 얼굴 표정을 그려 보세요.

| 快乐 | 伤心 | 生气 | 害怕 |
| kuàilè | shāngxīn | shēngqì | hàipà |

⑥ 다음 빈칸에 들어갈 알맞은 한자를 쓰세요.

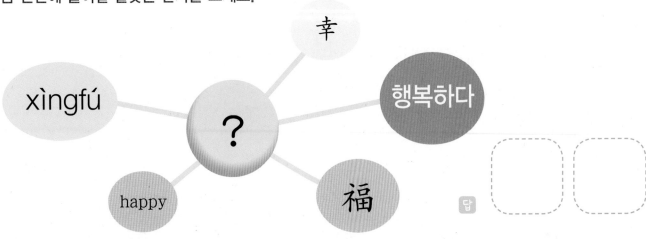

xìngfú

幸

행복하다

?

happy

福

답 ☐ ☐

7 다음 대화를 읽고 빈칸에 들어갈 글자를 [보기]에서 고르세요.

보기   太   又   很   真

A : 你还不习惯中国菜吗?
　　Nǐ hái bù xíguàn zhōngguócài ma?

B : 我还不 ☐ 习惯。
　　Wǒ hái bú tài xíguàn.

8 주어진 단어를 이용하여 문장을 완성하세요.

① 무슨 꿈 꿨니?

什　见　梦　么

→ ☐ ☐ 了 ☐ ☐ ?

② 또 지각했어요.

迟　了　到　又

→ ☐ ☐ ☐ ☐ 。

9 다음 그림과 어울리는 답을 찾아 ✔ 하세요.

1 外面天气怎么样?

☐ 又开始下雪了。
Yòu kāishǐ xià xuě le.

☐ 又开始下雨了。
Yòu kāishǐ xià yǔ le.

2 今天的比赛哪个队赢了?

☐ 日本队又赢了。
Rìběn duì yòu yíng le.

☐ 韩国队又赢了。
Hánguó duì yòu yíng le.

10 빈칸에 들어갈 알맞은 단어를 [보기]에서 찾아 쓰세요. (단, 단어는 한 번씩만 쓸 수 있습니다.)

보기   慢慢   生活   习惯

A : 你在中国 ⟨___⟩ 怎么样?
Nǐ zài Zhōngguó ___ zěnmeyàng?

B : 我还不 ⟨___⟩ 七点半上课。
Wǒ hái bù ___ qī diǎn bàn shàng kè.

A : ⟨___⟩ 就好了。
___ jiù hǎo le.

11 샤오한의 일기입니다. 빈칸에 들어갈 단어를 [보기]에서 골라 쓰세요.

보기

紧张
jǐnzhāng

上课
shàng kè

习惯
xíguàn

迟到
chídào

少韩的日记

我来到中国以后，还没有 _____

Wǒ láidào Zhōngguó yǐhòu, hái méiyǒu _____

中国学校的 _____ 时间。

Zhōngguó xuéxiào de _____ shíjiān.

经常梦见自己上学 _____ 。

Jīngcháng mèngjiàn zìjǐ shàng xué _____ .

妈妈认为我太 _____ 了，

Māma rènwéi wǒ tài _____ le,

妈妈告诉我慢慢就会好的。

Māma gàosu wǒ mànmàn jiù huì hǎo de.

⑫ 다음 단어를 큰 소리로 읽으며 써 보세요.

❶ 迟到 chídào 지각하다

迟	到				
chí	dào				

❷ 紧张 jǐnzhāng 긴장하다, 불안하다

紧	张				
jǐn	zhāng				

❸ 习惯 xíguàn 버릇, 습관

习	惯				
xí	guàn				

❹ 上课 shàng kè 수업을 듣다

上	课				
shàng	kè				

❺ 慢慢 mànmàn 천천히

慢	慢				
màn	màn				

1 다음 병음을 바르게 배열하고 [보기]에서 알맞은 한자를 찾아 쓰세요.

1 ch óu ūn y

2 k īn āi x

3 y k ě ǐ

보기   开心   可以   春游

2 다음 중 성조가 바른 곳에 ✔ 하세요.

1

动物园

☐ dóngwùyuán

☐ dòngwùyuán

2

植物园

☐ zhíwùyuán

☐ zhíwùyuǎn

③ 대화를 읽고 빈칸에 들어갈 글자를 써 넣으세요.

A : 放学后一起去书店，好不好？
Fàng xué hòu yìqǐ qù shūdiàn, hǎo bu hǎo?

B : 好哇，那我也 ☐☐ 买书了。
Hǎo wa, nà wǒ yě kěyǐ mǎi shū le.

답

④ 서로 관계 있는 것끼리 연결하여 말해 보세요.

动物园		采桔子
我们春游去 农家乐	可以	做柳树帽
植物园		看猴子

5 다음 대화를 읽고 대화 내용과 가장 관계 깊은 그림을 고르세요.

A : 我们春游去海边。
Wǒmen chūnyóu qù hǎibiān.

B : 去海边可以游泳。
Qù hǎibiān kěyǐ yóu yǒng.

6 사다리를 타고 내려가 그 곳에서 할 수 있는 일을 보기에서 찾아 쓰세요.

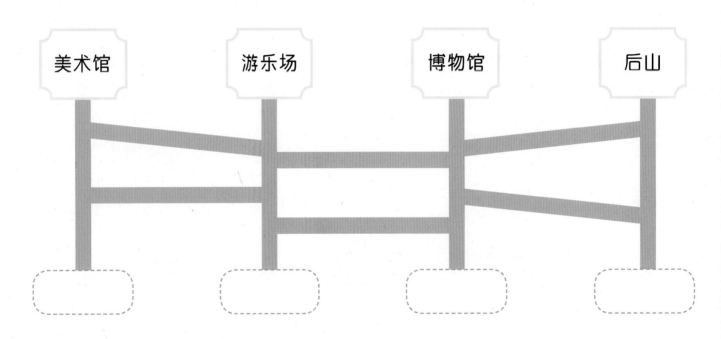

美术馆　　游乐场　　博物馆　　后山

보기 看画儿　坐过山车　看宝物　爬山

7 다음 그림에 알맞은 답을 찾아 ✔ 하세요.

1 今天可以踢足球吗？
Jīntiān kěyǐ tī zúqiú ma?

☐ 可以踢足球。

☐ 不可以踢足球。

2 今天能写完作业吗？
Jīntiān néng xiěwán zuòyè ma?

☐ 能写完作业。

☐ 不能写完作业。

8 그림을 보고 알맞은 단어를 찾아 동그라미 하세요.

A：今天可以去唱歌吗？

B： 可以　不可以　去唱歌。

9 다음 대화를 읽고 물음에 우리말로 답하세요.

我们暑假去北京，
怎么样？

好哇，那我能看到长城了。

1 여름방학 때 가족들이 갈 도시는 어디인가요?

2 그곳에서 볼 수 있는 것은 무엇인가요?

10 다음 글을 읽고 샤오한이 본 것을 모두 찾아 동그라미 하세요.

今天去春游了。
Jīntiān qù chūnyóu le.

小韩的班去了动物园，我们班去了公园。
Xiǎohán de bān qù le dòngwùyuán, wǒmen bān qù le gōngyuán.

小韩在动物园看见了狮子、大熊猫和猴子。
Xiǎohán zài dòngwùyuán kànjiàn le shīzi, dàxióngmāo hé hóuzi.

我在公园看到了玫瑰花。
Wǒ zài gōngyuán kàndào le méiguīhuā.

11 다음 단어를 큰 소리로 읽으며 써 보세요.

① 春游 chūnyóu 봄 소풍

春 chūn	游 yóu					

② 动物园 dòngwùyuán 동물원

动 dòng	物 wù	园 yuán					

③ 植物园 zhíwùyuán 식물원

植 zhí	物 wù	园 yuán					

④ 柳树帽 liǔshùmào 버드나무로 만든 모자

柳 liǔ	树 shù	帽 mào				

⑤ 大熊猫 dàxióngmāo 판다

大 dà	熊 xióng	猫 māo				

我都想参加

① 주어진 단어에 알맞은 병음을 찾아 써 보세요.

shìjiè
shìjié

túshūguǎn
túshūguān

cǎnjiā
cānjiā

① [   ]

② [   ]

③ [   ]

世 界

图 书 馆

参 加

② [보기]의 단어 병음을 바르게 나타낸 곳을 따라 미로를 탈출하세요.

보기 今天 → 猜谜语 → 还有 → 都 → 签名

출발

jìntiān

háiyǒu

jīntiān

cāi míyǔ

dōu

dòu

háiyòu

cái míyǔ

qiǎnmìng

chuī fēng

qiān míng

도착

③ 다음 단어를 바르게 배열하여 문장을 만들어 보세요.

| 参加 | 想 | 什么 | ？ | 你 | 活动 |

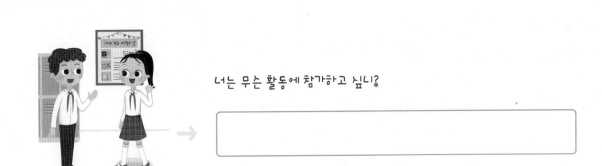

너는 무슨 활동에 참가하고 싶니?

④ 다음은 기념일과 하는 일을 나타낸 것입니다. 서로 관계 있는 것끼리 선을 이으세요.

中秋节
Zhōngqiūjié

儿童节
Értóngjié

母亲节
Mǔqīnjié

植树节
Zhíshùjié

写信
xiě xìn

植树
zhíshù

做月饼
zuò yuèbǐng

吹气球
chuī qìqiú

5 다음 대화를 읽고 빈칸에 들어갈 알맞은 단어와 병음을 [보기]에서 찾아 쓰세요.

A : 今天是教师节。
Jīntiān shì Jiàoshījié.

B : 你想参加什么活动?
Nǐ xiǎng cānjiā shénme huódòng.

A : 我想参加 _____ 。
Wǒ xiǎng cānjiā _____.

보기

植树	画海报	写明信片	吹气球
zhí shù	huà hǎibào	xiě míngxìnpiàn	chuī qìqiú

6 다음 대화를 읽고 물음에 우리말로 답하세요.

今天是世界水日。

你想参加什么活动?

我想参加画海报。

1 오늘은 무슨 날입니까?

2 친구가 참가하고 싶은 활동은 무엇입니까?

7 다음 빈칸에 '有' 또는 '还有'를 쓰세요.

A：今天下午有什么课?

B：☐ 英语课，☐ 体育课，☐ 汉语课。

8 다음 물음에 알맞은 대답을 골라 보세요.

妈妈，这里有什么水果?

☐ 有苹果，有西瓜，还有草莓。

☐ 有铅笔，有橡皮，还有剪刀。

9 다음은 샤오화가 어머니날에 쓴 편지입니다. 빈칸에 들어갈 말을 [보기]에서 찾아 쓰세요.

亲爱的妈妈！

今天是（　　　　　　）。谢谢你把我养大。

我会永远爱你。

祝你母亲节（　　　）、身体（　　　）。

女儿小华

Qīn'ài de māma

Jīntiān shì (　　　　　).

Xièxie nǐ bǎ wǒ yǎngdà.

Wǒ huì yǒngyuǎn ài nǐ.

Zhù nǐ Mǔqīnjié(　　　　), shēntǐ (　　　　).

nǚ'er Xiǎohuá

보기

母亲节	健康	快乐
Mǔqīnjié	jiànkāng	kuàilè

단어
· 养大 yǎngdà 키우다
· 永远 yǒngyuǎn 영원히

⑩ 다음 단어를 큰 소리로 읽으며 써 보세요.

❶ 世界读书日 Shìjièdúshūrì 세계 책의 날

世 Shì	界 jiè	读 dú	书 shū	日 rì			

3

❷ 签名会 qiānmínghuì 사인회

签 qiān	名 míng	会 huì					

❸ 谜语 míyǔ 퀴즈

谜 mí	语 yǔ			

❹ 参加 cānjiā 참가하다

参 cān	加 jiā			

新来的同学

① 다음 단어의 병음을 찾아 색칠하고 뜻을 쓰세요.

还 是 [_____]

眼 睛 [_____]

新 [_____]

h	ē	y	à	o
y	á	x	ī	n
x	ò	i	s	h
y	ǎ	n	x	i
j	i	n	g	ē

② 다음 단어에 쓰인 "一" 중 성조가 다른 하나를 고르세요.

一杯水   一条鱼   一本书   一位同学

③ 다음 문장을 잘 표현한 그림을 고르세요.

① **大大的眼睛** dàdà de yǎnjing

② **高高的个子** gāogāo de gèzi

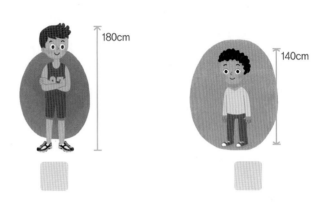

④ 다음 병음에 알맞은 한자를 [보기]에서 찾아 쓰세요.

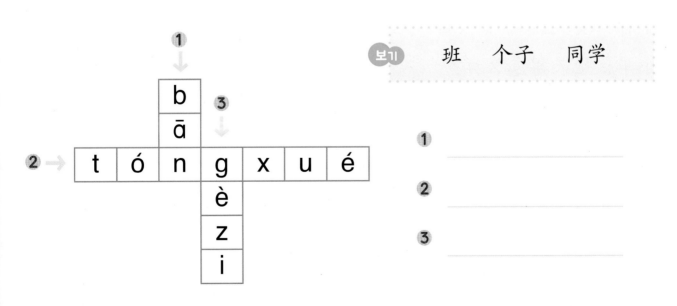

보기   班   个子   同学

①

②

③

5 밑줄 친 한자의 병음을 찾아 ○ 하고 빈칸에 쓰세요.

s	z	ē	n	g	e	n
y	g	h	j	n	g	ǔ
q	ā	x	ǎ	r	k	s
i	o	h	ě	n	à	h
l	g	s	h	ì	g	ē
a	ā	d	à	d	à	n
i	o	e	b	ú	g	g

小华：男生还是<u>女生</u>？

小韩：女生。

小华：她<u>长</u>得怎么样？

小韩：她个子<u>高高</u>的，眼睛<u>大大</u>的。

6 다음 주어진 단어를 순서에 맞게 배열하여 문장을 만드세요.

①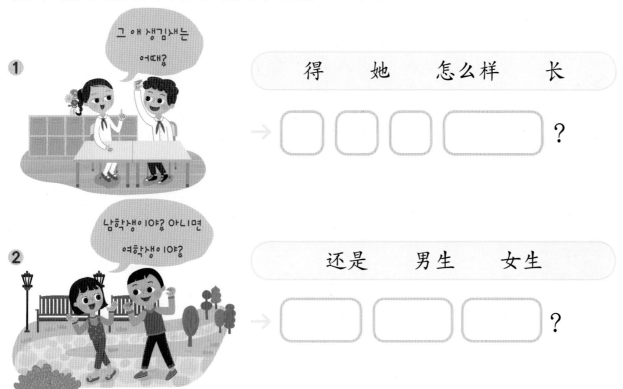

得　她　怎么样　长

→ ☐ ☐ ☐ ☐ ？

② 还是　男生　女生

→ ☐ ☐ ☐ ？

7 다음 빈칸에 들어갈 알맞은 한자와 병음을 쓰세요.

他是韩国人 ☐ 中国人？

他是韩国人。

답

8 다음 [보기]의 단어를 이용하여 빈칸을 채우고, 관계있는 그림을 선으로 이으세요.

보기 高高   大大   长长   圆圆

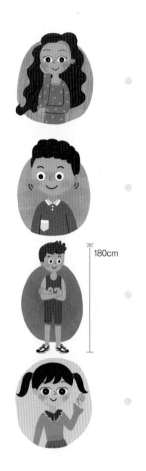

头发 ☐ 的

眼睛 ☐ 的

脸 ☐ 的

个子 ☐ 的

9 다음 질문의 대답으로 알맞은 것에 ✔ 하세요.

1 男生还是女生？

☐ 他个子矮矮的。

☐ 她是女生。

2 他长得怎么样？

☐ 他是男生。

☐ 他个子高高的。

10 다음 단어를 큰 소리로 읽으며 써 보세요.

1 新 xīn 새로운

新 xīn						

2 男生 nánshēng 남학생

男 nán	生 shēng					

3 女生 nǚshēng 여학생

女 nǚ	生 shēng					

4 还是 háishi 아니면, 또는

还 hái	是 shi					

5 听起来 tīng qǐlái 들어보니

听 tīng	起 qǐ	来 lái				

05 玩儿拼图

① 다음 한자에 해당하는 퍼즐 조각을 맞추어 병음을 완성해 써 보세요.

认真 ·

拼图 ·

午休 ·

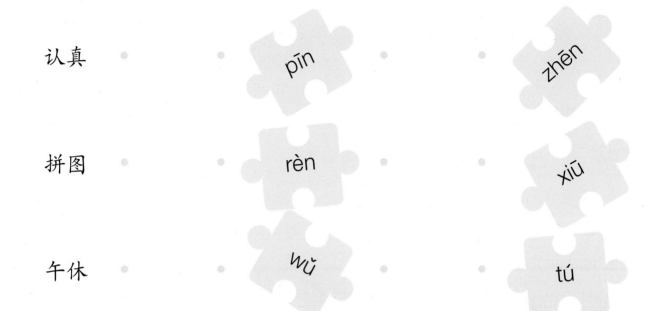

② 빈칸에 들어갈 알맞은 병음을 [보기]에서 찾아 쓰세요.

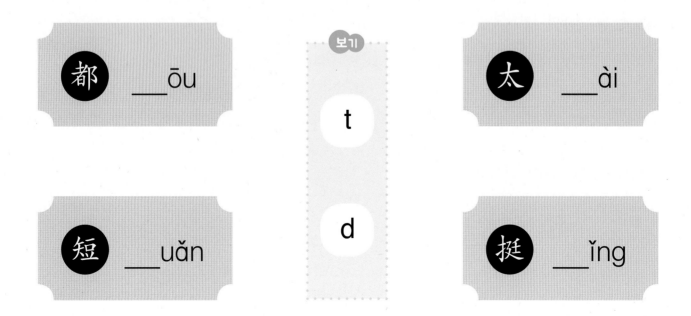

都 ___ōu

太 ___ài

보기

t

d

短 ___uǎn

挺 ___ǐng

3 다음 한자를 바르게 읽은 병음에 ○ 하세요.

1

眼睛

yǎnjing

yānjing

2

马上

màshāng

mǎshàng

4 다음 한자 카드를 이용하여 단어를 만들어 보세요.

课　儿　教　上　思

意　有　玩　室

1 놀다 → ☐ ☐

2 교실 → ☐ ☐

3 수업을 하다 → ☐ ☐

4 재미있다 → ☐ ☐ ☐

⑤ 다음 질문을 읽고 표정에 알맞은 답을 [보기]에서 찾아 쓰세요.

我们一起玩电脑游戏，好吗？

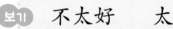

보기   不太好   太好了

⑥ 학교에서 하는 여러 가지 놀이입니다. 그림에 알맞은 단어를 선으로 이으세요.

捉迷藏   跳绳   玩积木   玩电脑游戏
zhuō mícáng   tiào shéng   wán jīmù   wán diànnǎo yóuxì

7 다음 빈칸에 각 단어를 넣어 질문해 보고, 각자 자신의 답을 체크하세요.

我们一起玩＿＿＿＿＿，好吗？

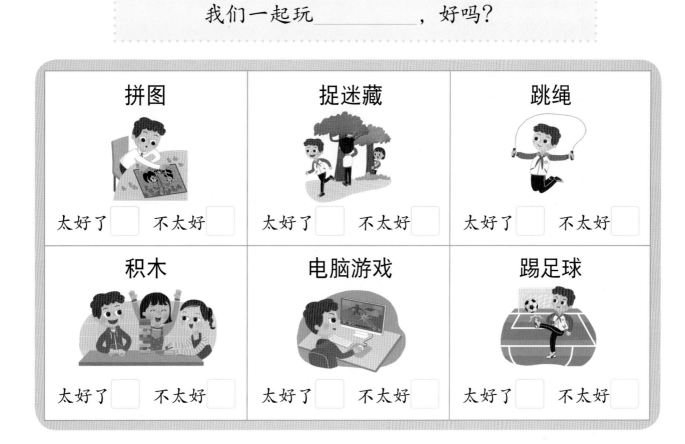

拼图　　太好了□　不太好□

捉迷藏　　太好了□　不太好□

跳绳　　太好了□　不太好□

积木　　太好了□　不太好□

电脑游戏　　太好了□　不太好□

踢足球　　太好了□　不太好□

8 다음 빈칸에 들어갈 알맞은 단어에 ○ 하세요.

明天要开学了。

暑假 太多 太短 了。

9 다음 대화를 읽고 B가 하고 있는 놀이를 고르세요.

A : 你在玩儿什么?
Nǐ zài wánr shénme?

B : 捉迷藏。
Zhuō mícáng.

ⓐ

ⓑ

ⓒ

ⓓ

10 샤오화의 일기를 읽고 다음 설명에 답하세요.

今天中午，我一直找小韩，也没找到了。

同学们告诉我他在图书馆玩拼图。

我去看他的时候，他还不知道我在旁边。

我说马上要上课，他才回教室了。

1 나는 점심 시간에 샤오한과 퍼즐 맞추기 놀이를 하였다. .... 对　不对

2 반 친구들이 샤오한이 도서관에 있다고 알려 주었다. .... 对　不对

3 내가 샤오한을 찾았을 때, 그는 내가 옆에 있는 줄도 몰랐다. .... 对　不对

4 샤오한은 수업 시간에 지각하였다. .... 对　不对

11 다음 단어를 큰 소리로 읽으면서 써 보세요.

1 认真 rènzhēn 열심히 하다, 진지하다

认	真					
rèn	zhēn					

2 拼图 pīntú 퍼즐

拼	图					
pīn	tú					

3 花 huā 눈이 침침하다

花						
huā						

4 午休 wǔxiū 점심(휴식)시간

午	休					
wǔ	xiū					

5 有意思 yǒu yìsi 재미있다

有	意	思				
yǒu	yì	si				

① 사다리를 타고 내려가 한자에 맞는 병음을 쓰고 읽어 보세요.

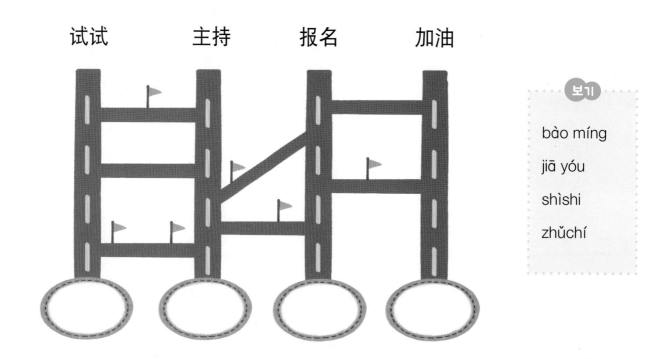

试试　　主持　　报名　　加油

보기

bào míng

jiā yóu

shìshi

zhǔchí

② 다음 단어의 병음을 바르게 나타낸 곳에 ✔ 하세요.

①

活动

huǒdòng

huódòng

②

加油

jiā yòu

jiā yóu

③

艺术节

yìshùjié

yìshùjiě

④

一起

yíqǐ

yìqǐ

③ 빈칸에 들어갈 단어를 [보기]에서 찾아 쓰세요.

小华：下个星期有艺术节 ☐ 。
Xià ge xīngqī yǒu yìshùjié huódòng.

小韩：我也想 ☐ 。
Wǒ yě xiǎng shìshi.

小华：好哇。你 ☐ 看看。
Hǎo wa. Nǐ bào míng kànkan.

④ 학교에서 열리는 여러 가지 대회를 나타낸 그림입니다. 알맞은 한자를 찾아 빈칸에 쓰세요.

보기   歌唱大赛   书法大赛   演讲大赛   跳舞大赛
gēchàng dàsài   shūfǎ dàsài   yǎnjiǎng dàsài   tiàowǔ dàsài

5 다음 대화에서 A와 B가 참가하고 싶은 대회를 찾아 선을 이으세요.

A : 绘画大赛你参加吗?
Huìhuà dàsài nǐ cānjiā ma?

B : 我想试试。你呢?
Wǒ xiǎng shìshi. Nǐ ne?

A : 我想参加作文大赛。
Wǒ xiǎng cānjiā zuòwén dàsài.

Ⓐ •   •

Ⓑ •   •

6 다음 동사를 [보기]와 같이 바꾸어 보세요.

看看
→ _____
→ _____

보기   想想
→ 想一想
→ 想一下

听听
→ _____
→ _____

唱唱
→ _____
→ _____

走走
→ _____
→ _____

7 대화를 읽고 대답으로 알맞은 문장을 찾아 ✔ 하세요.

六年级三班来了一位新同学。

☐ 我想买这件衣服，可以试试吗？

☐ 我们一起去看看，好吗？

☐ 来我家玩玩电脑游戏，怎么样？

8 우리말 뜻에 맞게 바르게 배열하여 문장을 완성하세요.

우리 함께 힘내자.

→ ☐ ☐ ☐ ☐ 。

加油 jiā yóu   一起 yìqǐ
吧 ba   我们 wǒmen

⑨ 다음 A,B의 대화를 읽고 자연스러운 것에 모두 ✔ 하세요.

A : 下个星期有什么活动?
　　Xià ge xīngqī yǒu shénme huódòng?

B : 有艺术节活动。
　　Yǒu yìshùjié huódòng.

A : 我帮你。
　　Wǒ bāng nǐ.

B : 我想试试
　　Wǒ xiǎng shìshi.

A : 你参加做什么呢?
　　Nǐ cānjiā zuò shénme ne?

B : 我做主持。
　　Wǒ zuò zhǔchí.

⑩ 샤오화의 글을 읽고 샤오한이 참가한 대회와 샤오화가 예술제에서 맡은 역할을 한자로 쓰세요.

上个星期学校有艺术节活动。
Shàng ge xīngqī xuéxiào yǒu yìshùjié huódòng.

小韩参加了歌唱大赛,
Xiǎohán cānjiā le gēchàng dàsài,

我穿着旗袍做了主持人。
wǒ chuānzhe qípáo zuò le zhǔchírén.

11 다음 단어를 큰 소리로 읽으며 써 보세요.

① 艺术节 yìshùjié 예술제

艺	术	节					
yì	shù	jié					

② 报名 bào míng 신청하다, 등록하다

报	名					
bào	míng					

③ 试试 shìshi 한번 해보다

试	试					
shì	shi					

④ 主持 zhǔchí 사회를 보다

主	持					
zhǔ	chí					

⑤ 加油 jiā yóu 힘을 내다, 파이팅

加	油					
jiā	yóu					

① 다음 밑줄 친 한자의 병음의 첫 글자에 ○ 하세요.

告诉 ⟨ g / k

帮 ⟨ p / b

接力赛 ⟨ q / j

② 다음 단어의 성조를 표시해 보세요.

1 大声   d a s h e n g

2 加油   j i a y o u

③ 알맞은 병음을 찾아 ○ 하세요.

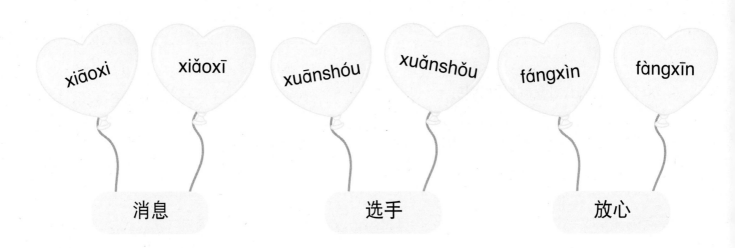

xiāoxi   xiǎoxī   xuānshóu   xuǎnshǒu   fángxìn   fàngxīn

消息   选手   放心

④ 주어진 단어를 바르게 배열하여 문장을 완성해 보세요.

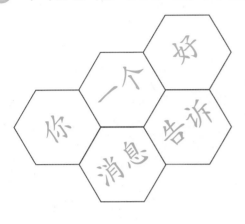

什么？快说呀！

⑤ 그림의 단어를 소리 내어 읽고 병음을 찾아 빈칸에 쓰세요.

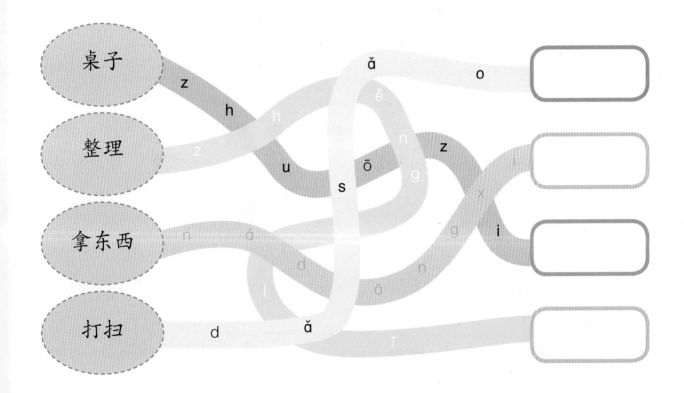

桌子

整理

拿东西

打扫

7

6 다음 대화를 읽고 빈칸에 들어갈 알맞은 대답을 [보기]에서 찾아 쓰세요.

A : 这个东西太重了。
Zhè ge dōngxi tài zhòng le.

B :

A : 老师，我帮你擦黑板。
Lǎoshī, wǒ bāng nǐ cā hēibǎn.

B :

A : 你帮我去买水果，好吗？
Nǐ bāng wǒ qù mǎi shuǐguǒ, hǎo ma?

B :

보기   我帮你拿。   谢谢你。   好，我马上去。

7 알맞은 그림과 단어, 병음을 연결하고 큰 소리로 읽어 보세요..

跳远 · pǎobù

跳高 · tiào gāo

跳绳 · tiào yuǎn

跑步 · tiào shéng

8 다음 대화와 관계 있는 그림을 고르세요.

我当上了三足赛跑选手。
Wǒ dāngshàng le sānzúsàipǎo xuǎnshǒu.

恭喜恭喜。
Gōngxǐ gōngxǐ.

ⓐ

ⓑ

ⓒ

ⓓ

7

9 다음 대화를 읽고 샤오메이와 샤오동이 참가한 종목을 모두 찾아 ○ 하세요.

小美 : 这次运动会，你是做什么的？
Zhè cì yùndònghuì, nǐ shì zuò shénme de?

小冬 : 我是跳高选手。你呢？
Wǒ shì tiào gāo xuǎnshǒu. Nǐ ne?

小美 : 我是跳绳选手。
Wǒ shì tiào shéng xuǎnshǒu.

10 다음 글을 읽고 물음에 답하시오.

学校举行了运动会。
Xuéxiào jǔxíng le yùndònghuì.

我当上了我们班的接力赛选手。
Wǒ dāngshàng le wǒmen bān de jiēlìsài xuǎnshǒu.

我在跑的时候有点儿紧张，
Wǒ zài pǎo de shíhou yǒudiǎnr jǐnzhāng,

但是小华帮我加油，最后我拿了第一名。
dànshì Xiǎohuá bāng wǒ jiā yóu, zuìhòu wǒ ná le dì yī míng.

1 나는 이어달리기에서 몇 등을 했나요?

☐ 冠军 guànjūn　　☐ 亚军 yàjūn　　☐ 季军 jìjūn

2 이 글에서 응원할 때 사용하는 단어를 찾아 쓰세요.

다음 단어를 큰 소리로 읽으며 써 보세요.

1 告诉 gàosu 말하다, 알리다

告 gào	诉 su					

2 消息 xiāoxi 소식

消 xiāo	息 xi					

3 接力赛 jiēlìsài 이어달리기

接 jiē	力 lì	赛 sài			

4 拉拉队 lālāduì 응원단

拉 lā	拉 lā	队 duì			

5 放心 fàngxīn 안심하다

放 fàng	心 xīn			

① 한자에 해당하는 병음 퍼즐을 선으로 연결하고 뜻을 써 보세요.

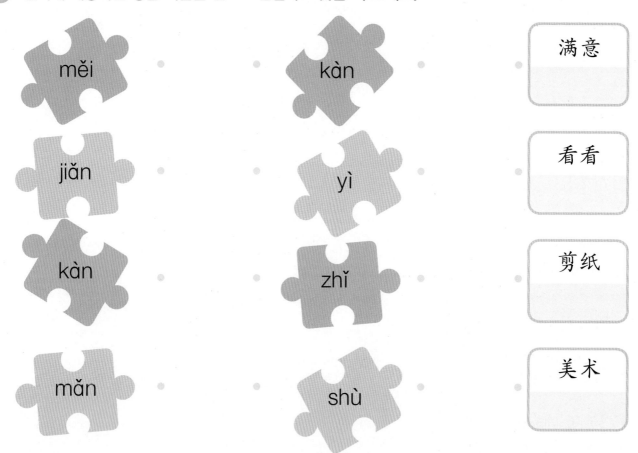

měi	kàn
jiǎn	yì
kàn	zhǐ
mǎn	shù

满意

看看

剪纸

美术

② 알맞은 병음에 동그라미를 하고, 빈칸을 채워 단어를 완성해 보세요.

1
一次
yī c___
ǐ | ì

2
快
ku___i
à | ā

3
窗
___uāng
ch | zh

4
贴
___iē
t | d

③ 다음 빈칸에 들어갈 병음을 쓰세요.

		m				
j	i	n	z	h	ǐ	
		n				
		y				
		ì				

		z		
x	i	n	g	
		i		

① 满意 _____

② 剪纸 _____

③ 在 _____

④ 像 _____

④ 다음 섞여있는 병음으로 만들 수 있는 단어에 알맞은 그림을 연결하고 병음을 바르게 쓰세요.

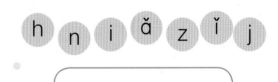

h n i ǎ z ǐ j

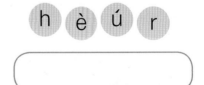

h è ú r

ǎ s ū h f

5 다음 단어의 병음을 찾아 색칠하고 빈칸에 병음과 뜻을 쓰세요.

g	ě	i	m	e	r	s	h	ū	p	s
k	ù	à	i	r	h	h	d	d	d	h
p	c	j	d	y	à	è	o	s	h	ū
h	u	y	i	u	n	r	u	u	h	f
à	y	ī	n	g	y	ǔ	k	è	ǎ	ǎ
n	a	n	a	p	ǔ	m	u	r	o	ò
z	i	y	t	o	k	à	n	h	y	d
ì	d	u	i	s	è	n	p	ú	u	a
ǐ	d	è	ē	ì	s	h	a	n	g	n
e	m	k	c	o	k	á	n	f	a	s
y	k	è	k	ù	h	s	i	ě	m	h
k	à	n	c	h	u	ā	n	g	ě	i

音乐课	二胡	汉语课	英语课	美术课	吗
yīnyuèkè					
음악시간	얼후	중국어시간	영어시간	미술시간	~까(물을 때)

6 그림을 보고 빈칸에 알맞은 한자와 병음을 써 보세요.

1

他 ☐ 得非常好。

Tā _____ de fēicháng hǎo.

2

他 ☐ 得很慢。

Tā _____ de hěn màn.

7 사다리를 타고 내려가 한자의 병음을 써 보세요.

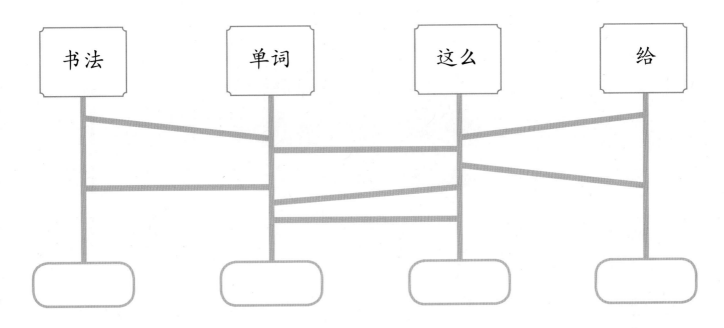

| 书法 | 单词 | 这么 | 给 |

8 다음 대화를 읽고 샤오한과 샤오화가 배운 것에 ○ 해 보세요.

小韩 : 语文课学了绕口令。　　Yǔwénkè xué le ràokǒulìng.

小华 : 有意思吗？　　　　　　Yǒu yìsi ma?

小韩 : 挺有意思。　　　　　　Tǐng yǒu yìsi.

小华 : 体育课学了太极拳。　　Tǐyùkè xué le tàijíquán.

小韩 : 我也想学。　　　　　　Wǒ yě xiǎng xué.

9 샤오한의 일기를 읽고 빈칸에 들어갈 알맞은 말을 [보기]에서 찾아 써 보세요.

我在美术课上学了剪纸。

我觉得自己剪得不太像，

因为我是第一次学剪纸。

但是小华说我剪得很好，

可是我还是不太满意。

小华叫我把剪纸贴在窗户上。

小华의 생각

[보기]

小韩剪得不太像。　　　小韩剪得很好。

11 다음 단어를 큰 소리로 읽으며 써 보세요.

1 美术 měishù 미술

美	术					
měi	shù					

2 剪纸 jiǎnzhǐ 종이공예

剪	纸					
jiǎn	zhǐ					

3 满意 mǎnyì 만족하다

满	意					
mǎn	yì					

4 贴 tiē 붙이다

贴						
tiē						

5 窗户 chuānghu 창문

窗	户					
chuāng	hu					

1과 又迟到了

1. 1. chí dào
   2. shàng kè

2. 1. 梦见   2. 迟到

3. 1. C → Z
   2. C → X

4. 又

5. 기쁜 표정 / 마음이 아픈 표정 / 화난 표정 / 겁내는 표정

6. 幸福

7. 太

8. 1. 梦 见 了 什 么 ?
   2. 又 迟 到 了 。

9.
☐ 又开始下雪了。
　 Yòu kāishǐ xià xuě le.
☑ 又开始下雨了。
　 Yòu kāishǐ xià yǔ le.

☐ 日本队又赢了。
　 Rìběn duì yòu yíng le.
☑ 韩国队又赢了。
　 Hánguó duì yòu yíng le.

10.
生活　shēnghuó
习惯　xíguàn
慢慢　mànmàn

11.
习惯　xíguàn　　上课　shàng kè
迟到　chídào　　紧张　jǐnzhāng

2과 春游

1.
① chūnyóu　春 游
② kāixīn　开 心
③ kěyǐ　可 以

2.
☐ dóngwùyuán　　☑ zhíwùyuán
☑ dòngwùyuán　　☐ zhíwùyuǎn

3. 可以

4.
我们春游去　动物园 — 采桔子
　　　　　　农家乐 — 可以 — 做柳树帽
　　　　　　植物园 — 看猴子

5. ⓓ

6. 爬山 ｜ 看宝物 ｜ 坐过山车 ｜ 看画儿

7.
☐ 可以踢足球。
☑ 不可以踢足球。

☑ 能写完作业。
☐ 不能写完作业。

8. 可以 不可以

9. 1。베이징   2。만리장성

10.
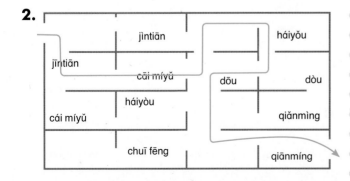
| ○ | ○ | ○ |

3과 我都想参加

1. shìjiè / shìjié   túshūguǎn / túshūguān   cānjiā / cānjiā

2.
jīntiān
jīntiān
cāi mǐyǔ   dōu   dòu
háiyòu
cái mǐyǔ   qiǎnmíng
chuī fēng   qiǎnmíng
háiyǒu

3. 你想参加什么活动?

4.
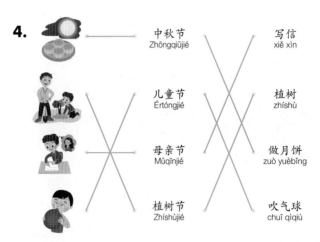
中秋节 Zhōngqiūjié — 写信 xiě xìn
儿童节 Értóngjié — 植树 zhíshù
母亲节 Mǔqīnjié — 做月饼 zuò yuèbǐng
植树节 Zhíshùjié — 吹气球 chuī qìqiú

5. 写明信片 xiě míngxìnpiàn

6. 1。세계 물의 날   2。포스터 그리기

7. 有,有,还有

8.
☑ 有苹果,有西瓜,还有草莓。
☐ 有铅笔,有橡皮,还有剪刀。

9. 亲爱的妈妈!

今天是(母亲节)。谢谢你把我养大。

我会永远爱你。

祝你母亲节(快乐)、身体(健康)。

女儿小华

Qīn'ài de māma
Jīntiān shì (Mǔqīnjié).
Xièxie nǐ bǎ wǒ yǎngdà. Wǒ huì yǒngyuǎn ài nǐ.
Zhù nǐ Mǔqīnjié(kuàilè), shēntǐ (jiànkāng).
nǚ'er Xiǎohuá

4과 新来的同学

1.

还 是 　háishi

眼 睛 　yǎnjing

新 　xīn

h	ē	y	à	o
y	á	x	ī	n
x	ò	i	s	h
y	ǎ	n	x	i
j	i	n	g	ē

2.

 一杯水　⬜

 一条鱼　⬜

 一本书　⬜

 一位同学　✔

3. 1.

⬜　✔

2.

180cm　✔

140cm　⬜

4. 1. 班

2. 同学

3. 个子

5.

s	z	ē	n	g	e	n
y	g	h	j	n	g	ǔ
q	ā	x	ǎ	r	k	s
i	o	h	ě	n	à	h
l	g	s	h	ì	g	ē
a	ā	d	à	d	à	n
i	o	e	b	ú	g	g

nǚshēng　　　zhǎng

gāogāo　　　dàdà

6. 1. → 她 长 得 怎么样 ？

2. → 男生 还是 女生 ？

7.

还	是
hái	shi

8.

头发 长长 的

眼睛 大大 的

脸 圆圆 的

个子 高高 的

9. 1.

他个子矮矮的。　⬜

她是女生。　✔

2.

他是男生。　⬜

他个子高高的。　✔

5과 玩儿拼图

1.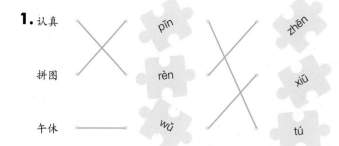

认真 — rèn
拼图 — pīn
午休 — wǔ
— zhēn
— xiū
— tú

2.

都 _d_ōu 　太 _t_ài

短 _d_uǎn 　挺 _t_ǐng

3.

1。 眼睛 — yǎnjing (yǎnjīng)

2。 马上 — mǎshàng (màshāng)

4. 1。 玩儿　　　2。 教室

3。 上课　　　4。 有意思

5. ☺ 太好了。

☹ 不太好。

6.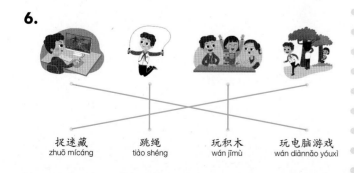

捉迷藏　　跳绳　　玩积木　　玩电脑游戏
zhuō mícáng　tiào shéng　wán jīmù　wán diànnǎo yóuxì

8. 暑假 太多 | 太短 了。

9. ⓐ

10. 1。 不对　　　2。 对

3。 对　　　4。 不对

6과 我也想试试

1.

试试　　　主持　　　报名　　　加油

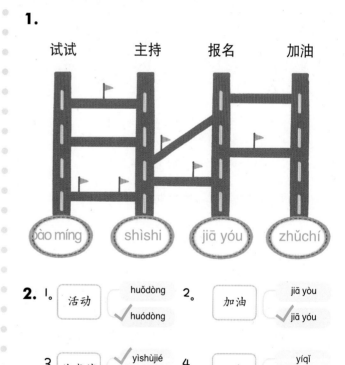

bào míng　　shìshi　　jiā yóu　　zhǔchí

2. 1。 活动 — huǒdòng / huódòng ✓

2。 加油 — jiā yòu / jiā yóu ✓

3。 艺术节 — yìshùjié ✓ / yìshùjiě

4。 一起 — yíqǐ / yìqǐ ✓

3. 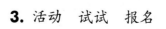 活动　试试　报名

4.

跳舞大赛

歌唱大赛

书法大赛

演讲大赛

5.

A ✕

B

6.

看看
→ 看一看
→ 看一下

听听
→ 听一听
→ 听一下

唱唱
→ 唱一唱
→ 唱一下

走走
→ 走一走
→ 走一下

7.
- ☐ 我想买这件衣服，可以试试吗？
- ☑ 我们一起去看看，好吗？
- ☐ 来我家玩玩电脑游戏，怎么样？

8. 我们一起加油吧。Wǒmen yìqǐ jiā yóu ba.

9.
- ☑ A：下个星期有什么活动？
  Xià ge xīngqī yǒu shénme huódòng?
  B：有艺术节活动。
  Yǒu yìshùjié huódòng.
- ☐ A：我帮你。
  Wǒ bāng nǐ.
  B：我想试试
  Wǒ xiǎng shìshi.
- ☑ A：你参加做什么呢？
  Nǐ cānjiā zuò shénme ne?
  B：我做主持。
  Wǒ zuò zhǔchí.

10.
 歌唱大赛
 主持人

7과 我帮你

1.
告诉 ⟨ⓖ / k⟩   帮 ⟨p / ⓑ⟩   接力赛 ⟨q / ⓙ⟩

2.
1. 大声 dà shēng
2. 加油 jiā yóu

3.

xiāoxi | xiǎoxī | xuānshóu | xuǎnshǒu | fángxīn | fàngxīn
消息   选手   放心

4. 告诉你一个好消息。

5. dǎsǎo ná dōngxi zhuōzi zhěnglǐ

6. 我帮你拿。 谢谢你。 好，我马上去。

7.

跳远 — pǎobù
跳高 — tiào gāo
跳绳 — tiào yuǎn
跑步 — tiào shéng

8. d

54 정답

9.

10. 1. 冠军 guànjūn 2. 加油

8과 学会剪纸

1.

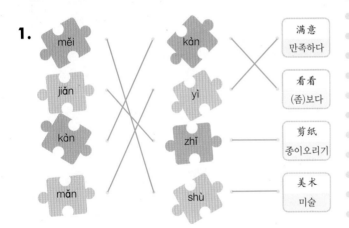

měi	kàn
jiǎn	yì
kàn	zhǐ
mǎn	shù

满意 만족하다
看看 (좀)보다
剪纸 종이오리기
美术 미술

2. 1. ǐ ì 2. à ā 3. ch zh 4. t d

3.

① ↓
m
② → j i ǎ n z h ǐ
　　　m
　　　n
　　　y
　　　ì　③ ↓
　　　　　z
④ → x i à n g
　　　　　i

① 满意　mǎnyì
② 剪纸　jiǎnzhǐ
③ 在　　zài
④ 像　　xiàng

4.

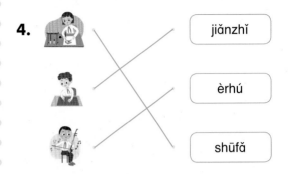

jiǎnzhǐ
èrhú
shūfǎ

5.

g	ě	i	m	e	r	s	h	ū	p	s
k	ù	à	i	r	h	h	d	d	d	h
p	c	j	d	y	à	è	o	s	h	ū
h	u	y	i	u	n	r	u	u	h	f
à	y	ī	n	g	y	ǔ	k	è	ǎ	ǎ
n	a	n	a	p	ǔ	m	u	r	o	ò
z	i	y	t	o	k	à	n	h	y	d
ì	d	u	i	s	è	n	p	ú	u	a
ǐ	d	è	ē	ì	s	h	a	n	g	n
e	m	k	c	o	k	á	n	f	a	s
y	k	è	k	ù	h	s	i	ě	m	h
k	à	n	c	h	u	ā	n	g	ě	i

音乐课	二胡	汉语课	英语课	美术课	吗
yīnyuèkè	èrhú	hànyǔkè	yīngyǔkè	měishùkè	ma
음악시간	얼후	중국어시간	영어시간	미술시간	~까(물을 때)

6. 1. 唱 chàng 2. 跑 pǎo

7.

书法	单词	这么	给

gěi　　dāncí　　zhème　　shūfǎ

8.

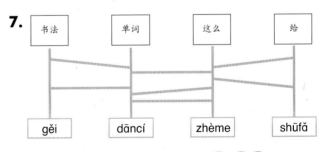

9. 小华의 생각

小韩剪得很好。

신나게 배우는 어린이 중국어

콰이러 쉬에한위 ④

초판발행   :   2019년 11월 15일

저자   :   권상기, 김명섭, 김예란, 이현숙, 왕지에, 저우자쑤
삽화   :   류은형
발행인   :   이기선
발행처   :   제이플러스
            서울시 마포구 월드컵로 31길 62
전화   :   영업부 02-332-8320 편집부 02-3142-2520
팩스   :   02-332-8321
홈페이지   :   www.jplus114.com
등록번호   :   제10-1680호
등록일자   :   1998년 12월 9일
ISBN   :   979-11-5601-113-2